Renate G. Sültz & Uwe H. Sültz

Mein Erfolgstagebuch „Ja, ich schaffe das!"

BoD - Books on Demand

Norderstedt 2016

Bibliografische Information durch die Deutsche Nationalbibliothek

Die Deutsche Nationalbibliothek verzeichnet diese Publikation in der Deutschen Nationalbibliografie; detaillierte bibliografische Daten sind im Internet über http://dnb.dnb.de abrufbar.

© 2016 Renate Sültz & Uwe H. Sültz

Herstellung und Verlag: BoD – Books on Demand, Norderstedt

ISBN 9-78374-1-25576-2

"Ja, ich schaffe das!" - Mein Erfolgstagebuch

Jeder hat Träume, jeder möchte in seinem Leben etwas erreichen. Folglich setzen wir uns Ziele auf unserem Lebensweg. Erreichen wir diese Ziele, sprechen wir von Erfolg. Wir waren erfolgreich. Für jeden von uns kann Erfolg eine andere Bedeutung haben. Erfolgreich Abnehmen, Erfolg im Sport, im Beruf oder in der Liebe, nicht mehr rauchen, einen Sportwagen erwerben, usw.

Wichtig ist nur, dass wir unsere Ziele nicht aus den Augen verlieren und aufschreiben. Allein durch das Notieren wird uns schon mehr bewusst. Kleine Schritte führen auch zum Erfolg.

Notieren Sie einfach in dieses Erfolgstagebuch Ihre persönlichen Ziele, haken Sie kleine Schritte ab und sehen Sie das Ganze. Ganz nach dem Motto:

„Ja, ich schaffe das!"

Renate Sültz notierte ihre Werbeprojekte in einem Notizbuch und diskutierte sie mit Kolleginnen und Kollegen. So verfeinerten sich die gestellten Projekte. In den 1990'ern kreierte sie so manche Werbung.

Uwe H. Sültz managte und coachte in den 1990'ern eine tief in die roten Zahlen gekommene Arztpraxis (durch Bauherrenmodelle und andere Probleme). Durch Motivation der Angestellten, fleißige Arbeit, Umstellungen von Abläufen und Teammitgliedern, sowie großen eigenen Einsatz, schaffte er in kurzer Zeit eine Steigerung von 400%. Nach weniger als 5 Jahren war die Praxis Schuldenfrei und die fast unverkäuflichen Bauherrenmodelle wurden von ihm veräußert. Dabei notierte Sültz jedes Ziel und war es auch noch so klein. So konnte er sofort auf seine Ideen und Fakten zugreifen. Seine damaligen Mentoren (Prof. Dr. Walter Weise, Düsseldorf und Dr. Norman Cetlin, Boston) sagten immer: "Write it down!"

Welche Wünsche habe ich?
_____
_____
_____
_____

Meine Aufgaben/meine Ziele heute: Datum:
_____
_____
_____
_____

                    Ja, ich schaffe das!
_____
_____
_____
_____

                    Ja, ich schaffe das!
_____
_____
_____
_____

                    Ja, ich schaffe das!

Ich habe mein heutiges Tagesziel erreicht: **Ja**

fast

Welche Wünsche habe ich?

Meine Aufgaben/meine Ziele heute: Datum:

Ja, ich schaffe das!

Ja, ich schaffe das!

Ja, ich schaffe das!

Ich habe mein heutiges Tagesziel erreicht:

Welche Wünsche habe ich?

Meine Aufgaben/meine Ziele heute: Datum:

Ja, ich schaffe das!

Ja, ich schaffe das!

Ja, ich schaffe das!

Ich habe mein heutiges Tagesziel erreicht: **Ja** fast

Welche Wünsche habe ich?

Meine Aufgaben/meine Ziele heute: Datum:

Ja, ich schaffe das!

Ja, ich schaffe das!

Ja, ich schaffe das!

Ich habe mein heutiges Tagesziel erreicht: **Ja** / fast

Welche Wünsche habe ich?
_____
_____
_____
_____

Meine Aufgaben/meine Ziele heute: Datum:
_____
_____
_____
_____

Ja, ich schaffe das!
_____
_____
_____
_____
_____

Ja, ich schaffe das!
_____
_____
_____
_____
_____

Ja, ich schaffe das!

Ich habe mein heutiges Tagesziel erreicht: **Ja** *fast*

Welche Wünsche habe ich?

Meine Aufgaben/meine Ziele heute: Datum:

Ja, ich schaffe das!

Ja, ich schaffe das!

Ja, ich schaffe das!

Ich habe mein heutiges Tagesziel erreicht:  **Ja**
fast

Welche Wünsche habe ich?
_____
_____
_____
_____

Meine Aufgaben/meine Ziele heute: Datum:
_____
_____
_____
_____

Ja, ich schaffe das!
_____
_____
_____
_____
_____

Ja, ich schaffe das!
_____
_____
_____
_____
_____

Ja, ich schaffe das!
_____

Ich habe mein heutiges Tagesziel erreicht:  **Ja** *fast*

Welche Wünsche habe ich?

Meine Aufgaben/meine Ziele heute: Datum:

Ja, ich schaffe das!

Ja, ich schaffe das!

Ja, ich schaffe das!

Ich habe mein heutiges Tagesziel erreicht: **Ja**
fast

Welche Wünsche habe ich?

Meine Aufgaben/meine Ziele heute: Datum:

Ja, ich schaffe das!

Ja, ich schaffe das!

Ja, ich schaffe das!

Ich habe mein heutiges Tagesziel erreicht: **Ja** fast

Welche Wünsche habe ich?
_____
_____
_____
_____

Meine Aufgaben/meine Ziele heute: Datum:
_____
_____
_____
_____
_____

              Ja, ich schaffe das!
_____
_____
_____
_____
_____

              Ja, ich schaffe das!
_____
_____
_____
_____
_____

              Ja, ich schaffe das!

Ich habe mein heutiges Tagesziel erreicht: **Ja**
                                            fast

Welche Wünsche habe ich?
_____
_____
_____
_____

Meine Aufgaben/meine Ziele heute: Datum:
_____

Ja, ich schaffe das!

Ja, ich schaffe das!

Ja, ich schaffe das!

Ich habe mein heutiges Tagesziel erreicht:  **Ja**
fast

Welche Wünsche habe ich?

Meine Aufgaben/meine Ziele heute: Datum:

Ja, ich schaffe das!

Ja, ich schaffe das!

Ja, ich schaffe das!

Ich habe mein heutiges Tagesziel erreicht:  **Ja**
fast

Welche Wünsche habe ich?
___
___
___

Meine Aufgaben/meine Ziele heute: Datum:
___
___
___
___
___

Ja, ich schaffe das!
___
___
___
___
___

Ja, ich schaffe das!
___
___
___
___
___

Ja, ich schaffe das!

Ich habe mein heutiges Tagesziel erreicht: **Ja**

fast

Welche Wünsche habe ich?

Meine Aufgaben/meine Ziele heute: Datum:

Ja, ich schaffe das!

Ja, ich schaffe das!

Ja, ich schaffe das!

Ich habe mein heutiges Tagesziel erreicht: **Ja**
fast

Welche Wünsche habe ich?
_____
_____
_____
_____

Meine Aufgaben/meine Ziele heute: Datum:
_____
_____
_____
_____

Ja, ich schaffe das!
_____
_____
_____
_____
_____

Ja, ich schaffe das!
_____
_____
_____
_____
_____

Ja, ich schaffe das!

Ich habe mein heutiges Tagesziel erreicht:  Ja
fast

Welche Wünsche habe ich?
_____
_____
_____
_____

Meine Aufgaben/meine Ziele heute: Datum:
_____
_____
_____
_____
_____

Ja, ich schaffe das!
_____
_____
_____
_____
_____

Ja, ich schaffe das!
_____
_____
_____
_____
_____

Ja, ich schaffe das!

Ich habe mein heutiges Tagesziel erreicht:

Welche Wünsche habe ich?

Meine Aufgaben/meine Ziele heute:　　　　　　Datum:

Ja, ich schaffe das!

Ja, ich schaffe das!

Ja, ich schaffe das!

Ich habe mein heutiges Tagesziel erreicht: **Ja** fast

Welche Wünsche habe ich?

Meine Aufgaben/meine Ziele heute: Datum:

Ja, ich schaffe das!

Ja, ich schaffe das!

Ja, ich schaffe das!

Ich habe mein heutiges Tagesziel erreicht:  **Ja**
fast

Welche Wünsche habe ich?

Meine Aufgaben/meine Ziele heute: Datum:

Ja, ich schaffe das!

Ja, ich schaffe das!

Ja, ich schaffe das!

Ich habe mein heutiges Tagesziel erreicht:  **Ja**
fast

Welche Wünsche habe ich?

Meine Aufgaben/meine Ziele heute: Datum:

Ja, ich schaffe das!

Ja, ich schaffe das!

Ja, ich schaffe das!

Ich habe mein heutiges Tagesziel erreicht: **Ja** *fast*

Welche Wünsche habe ich?

Meine Aufgaben/meine Ziele heute: Datum:

Ja, ich schaffe das!

Ja, ich schaffe das!

Ja, ich schaffe das!

Ich habe mein heutiges Tagesziel erreicht:  **Ja**
fast

Welche Wünsche habe ich?

Meine Aufgaben/meine Ziele heute: Datum:

Ja, ich schaffe das!

Ja, ich schaffe das!

Ja, ich schaffe das!

Ich habe mein heutiges Tagesziel erreicht: **Ja** *fast*

Welche Wünsche habe ich?

Meine Aufgaben/meine Ziele heute: Datum:

Ja, ich schaffe das!

Ja, ich schaffe das!

Ja, ich schaffe das!

Ich habe mein heutiges Tagesziel erreicht:  **Ja** *fast*

Welche Wünsche habe ich?
___
___
___
___

Meine Aufgaben/meine Ziele heute: Datum:
___
___
___
___

Ja, ich schaffe das!
___
___
___
___

Ja, ich schaffe das!
___
___
___
___

Ja, ich schaffe das!

Ich habe mein heutiges Tagesziel erreicht:

Welche Wünsche habe ich?

Meine Aufgaben/meine Ziele heute: Datum:

Ja, ich schaffe das!

Ja, ich schaffe das!

Ja, ich schaffe das!

Ich habe mein heutiges Tagesziel erreicht:  *Ja*
fast

Welche Wünsche habe ich?

Meine Aufgaben/meine Ziele heute:　　　　　Datum:

Ja, ich schaffe das!

Ja, ich schaffe das!

Ja, ich schaffe das!

Ich habe mein heutiges Tagesziel erreicht: **Ja**
fast

Welche Wünsche habe ich?

Meine Aufgaben/meine Ziele heute: Datum:

Ja, ich schaffe das!

Ja, ich schaffe das!

Ja, ich schaffe das!

Ich habe mein heutiges Tagesziel erreicht:  *Ja*
fast

Welche Wünsche habe ich?

Meine Aufgaben/meine Ziele heute: Datum:

Ja, ich schaffe das!

Ja, ich schaffe das!

Ja, ich schaffe das!

Ich habe mein heutiges Tagesziel erreicht: **Ja**
                                              fast

Welche Wünsche habe ich?
___
___
___

Meine Aufgaben/meine Ziele heute: Datum:
___
___
___
___

Ja, ich schaffe das!
___
___
___
___

Ja, ich schaffe das!
___
___
___
___

Ja, ich schaffe das!

Ich habe mein heutiges Tagesziel erreicht:  **Ja**
fast

Welche Wünsche habe ich?

Meine Aufgaben/meine Ziele heute: Datum:

Ja, ich schaffe das!

Ja, ich schaffe das!

Ja, ich schaffe das!

Ich habe mein heutiges Tagesziel erreicht: **Ja** *fast*

Welche Wünsche habe ich?
_____
_____
_____
_____

Meine Aufgaben/meine Ziele heute: Datum:
_____
_____
_____
_____

Ja, ich schaffe das!
_____
_____
_____
_____

Ja, ich schaffe das!
_____
_____
_____
_____

Ja, ich schaffe das!

Ich habe mein heutiges Tagesziel erreicht:  **Ja** *fast*

Welche Wünsche habe ich?

Meine Aufgaben/meine Ziele heute: Datum:

Ja, ich schaffe das!

Ja, ich schaffe das!

Ja, ich schaffe das!

Ich habe mein heutiges Tagesziel erreicht:

Ja
fast

Welche Wünsche habe ich?

Meine Aufgaben/meine Ziele heute: Datum:

Ja, ich schaffe das!

Ja, ich schaffe das!

Ja, ich schaffe das!

Ich habe mein heutiges Tagesziel erreicht:

Ja
fast

Welche Wünsche habe ich?

Meine Aufgaben/meine Ziele heute: Datum:

Ja, ich schaffe das!

Ja, ich schaffe das!

Ja, ich schaffe das!

Ich habe mein heutiges Tagesziel erreicht:

Welche Wünsche habe ich?

Meine Aufgaben/meine Ziele heute: Datum:

Ja, ich schaffe das!

Ja, ich schaffe das!

Ja, ich schaffe das!

Ich habe mein heutiges Tagesziel erreicht:  **Ja**
 fast

Welche Wünsche habe ich?

Meine Aufgaben/meine Ziele heute: Datum:

Ja, ich schaffe das!

Ja, ich schaffe das!

Ja, ich schaffe das!

Ich habe mein heutiges Tagesziel erreicht: **Ja**
fast

Welche Wünsche habe ich?

Meine Aufgaben/meine Ziele heute: Datum:

Ja, ich schaffe das!

Ja, ich schaffe das!

Ja, ich schaffe das!

Ich habe mein heutiges Tagesziel erreicht: **Ja**
fast

Welche Wünsche habe ich?

Meine Aufgaben/meine Ziele heute:　　　　　　　Datum:

Ja, ich schaffe das!

Ja, ich schaffe das!

Ja, ich schaffe das!

Ich habe mein heutiges Tagesziel erreicht: **Ja**

fast

Welche Wünsche habe ich?
_____
_____
_____
_____

Meine Aufgaben/meine Ziele heute: Datum:

Ja, ich schaffe das!

Ja, ich schaffe das!

Ja, ich schaffe das!

Ich habe mein heutiges Tagesziel erreicht:  **Ja**
fast

Welche Wünsche habe ich?

Meine Aufgaben/meine Ziele heute: Datum:

Ja, ich schaffe das!

Ja, ich schaffe das!

Ja, ich schaffe das!

Ich habe mein heutiges Tagesziel erreicht: **Ja**

fast

Welche Wünsche habe ich?
_____
_____
_____

Meine Aufgaben/meine Ziele heute: Datum:
_____
_____
_____
_____

Ja, ich schaffe das!
_____
_____
_____
_____

Ja, ich schaffe das!
_____
_____
_____
_____

Ja, ich schaffe das!

Ich habe mein heutiges Tagesziel erreicht:  **Ja**
fast

Welche Wünsche habe ich?

Meine Aufgaben/meine Ziele heute: Datum:

Ja, ich schaffe das!

Ja, ich schaffe das!

Ja, ich schaffe das!

Ich habe mein heutiges Tagesziel erreicht: **Ja** / *fast*

Welche Wünsche habe ich?

Meine Aufgaben/meine Ziele heute: Datum:

Ja, ich schaffe das!

Ja, ich schaffe das!

Ja, ich schaffe das!

Ich habe mein heutiges Tagesziel erreicht: **Ja**
fast

Welche Wünsche habe ich?
_____
_____
_____
_____

Meine Aufgaben/meine Ziele heute: Datum:
_____
_____
_____
_____

Ja, ich schaffe das!
_____
_____
_____
_____

Ja, ich schaffe das!
_____
_____
_____
_____

Ja, ich schaffe das!

Ich habe mein heutiges Tagesziel erreicht:

Welche Wünsche habe ich?

Meine Aufgaben/meine Ziele heute: Datum:

Ja, ich schaffe das!

Ja, ich schaffe das!

Ja, ich schaffe das!

Ich habe mein heutiges Tagesziel erreicht: **Ja**
fast

Welche Wünsche habe ich?

_____
_____
_____
_____

Meine Aufgaben/meine Ziele heute: Datum:
_____
_____
_____
_____
_____

Ja, ich schaffe das!

_____
_____
_____
_____

Ja, ich schaffe das!

_____
_____
_____
_____

Ja, ich schaffe das!

Ich habe mein heutiges Tagesziel erreicht: **Ja** / fast

Welche Wünsche habe ich?

Meine Aufgaben/meine Ziele heute: Datum:

Ja, ich schaffe das!

Ja, ich schaffe das!

Ja, ich schaffe das!

Ich habe mein heutiges Tagesziel erreicht:  **Ja**
fast

Welche Wünsche habe ich?

___

Meine Aufgaben/meine Ziele heute: Datum:

___

Ja, ich schaffe das!

___

Ja, ich schaffe das!

___

Ja, ich schaffe das!

Ich habe mein heutiges Tagesziel erreicht: **Ja**

fast

Welche Wünsche habe ich?

Meine Aufgaben/meine Ziele heute: Datum:

Ja, ich schaffe das!

Ja, ich schaffe das!

Ja, ich schaffe das!

Ich habe mein heutiges Tagesziel erreicht: **Ja** *fast*

Welche Wünsche habe ich?
_____
_____
_____
_____

Meine Aufgaben/meine Ziele heute: Datum:
_____
_____
_____
_____
_____

Ja, ich schaffe das!
_____
_____
_____
_____
_____

Ja, ich schaffe das!
_____
_____
_____
_____
_____

Ja, ich schaffe das!

Ich habe mein heutiges Tagesziel erreicht: **Ja**
                                             fast

Welche Wünsche habe ich?
_____
_____
_____
_____

Meine Aufgaben/meine Ziele heute: Datum:
_____
_____
_____
_____

            Ja, ich schaffe das!
_____
_____
_____
_____

            Ja, ich schaffe das!
_____
_____
_____
_____

            Ja, ich schaffe das!

Ich habe mein heutiges Tagesziel erreicht: **Ja** *fast*

Welche Wünsche habe ich?
___
___
___
___

Meine Aufgaben/meine Ziele heute: Datum:
___
___
___
___

Ja, ich schaffe das!
___
___
___
___

Ja, ich schaffe das!
___
___
___
___

Ja, ich schaffe das!

Ich habe mein heutiges Tagesziel erreicht:

Welche Wünsche habe ich?

Meine Aufgaben/meine Ziele heute: Datum:

Ja, ich schaffe das!

Ja, ich schaffe das!

Ja, ich schaffe das!

Ich habe mein heutiges Tagesziel erreicht: **Ja** fast

Welche Wünsche habe ich?

Meine Aufgaben/meine Ziele heute: Datum:

Ja, ich schaffe das!

Ja, ich schaffe das!

Ja, ich schaffe das!

Ich habe mein heutiges Tagesziel erreicht:

Welche Wünsche habe ich?

Meine Aufgaben/meine Ziele heute: Datum:

Ja, ich schaffe das!

Ja, ich schaffe das!

Ja, ich schaffe das!

Ich habe mein heutiges Tagesziel erreicht: **Ja**
fast

Welche Wünsche habe ich?

Meine Aufgaben/meine Ziele heute: Datum:

Ja, ich schaffe das!

Ja, ich schaffe das!

Ja, ich schaffe das!

Ich habe mein heutiges Tagesziel erreicht: **Ja** *fast*

Welche Wünsche habe ich?

Meine Aufgaben/meine Ziele heute: Datum:

Ja, ich schaffe das!

Ja, ich schaffe das!

Ja, ich schaffe das!

Ich habe mein heutiges Tagesziel erreicht:  **Ja**
                                                   fast

Welche Wünsche habe ich?

Meine Aufgaben/meine Ziele heute: Datum:

Ja, ich schaffe das!

Ja, ich schaffe das!

Ja, ich schaffe das!

Ich habe mein heutiges Tagesziel erreicht: **Ja** / fast

Welche Wünsche habe ich?

Meine Aufgaben/meine Ziele heute: Datum:

Ja, ich schaffe das!

Ja, ich schaffe das!

Ja, ich schaffe das!

Ich habe mein heutiges Tagesziel erreicht: **Ja**

fast

Welche Wünsche habe ich?
_____
_____
_____
_____

Meine Aufgaben/meine Ziele heute: Datum:
_____
_____
_____
_____

Ja, ich schaffe das!
_____
_____
_____
_____

Ja, ich schaffe das!
_____
_____
_____
_____

Ja, ich schaffe das!

Ich habe mein heutiges Tagesziel erreicht: **Ja** *fast*

Welche Wünsche habe ich?

Meine Aufgaben/meine Ziele heute: Datum:

Ja, ich schaffe das!

Ja, ich schaffe das!

Ja, ich schaffe das!

Ich habe mein heutiges Tagesziel erreicht:

Welche Wünsche habe ich?

Meine Aufgaben/meine Ziele heute: Datum:

Ja, ich schaffe das!

Ja, ich schaffe das!

Ja, ich schaffe das!

Ich habe mein heutiges Tagesziel erreicht: **Ja** *fast*

Welche Wünsche habe ich?
_____
_____
_____
_____

Meine Aufgaben/meine Ziele heute: Datum:
_____
_____
_____
_____
_____

Ja, ich schaffe das!
_____
_____
_____
_____
_____

Ja, ich schaffe das!
_____
_____
_____
_____
_____

Ja, ich schaffe das!

Ich habe mein heutiges Tagesziel erreicht: **Ja**
fast

Welche Wünsche habe ich?

Meine Aufgaben/meine Ziele heute: Datum:

Ja, ich schaffe das!

Ja, ich schaffe das!

Ja, ich schaffe das!

Ich habe mein heutiges Tagesziel erreicht: **Ja**

fast

Welche Wünsche habe ich?

Meine Aufgaben/meine Ziele heute: Datum:

Ja, ich schaffe das!

Ja, ich schaffe das!

Ja, ich schaffe das!

Ich habe mein heutiges Tagesziel erreicht: **Ja** / *fast*

Welche Wünsche habe ich?

Meine Aufgaben/meine Ziele heute: Datum:

Ja, ich schaffe das!

Ja, ich schaffe das!

Ja, ich schaffe das!

Ich habe mein heutiges Tagesziel erreicht:

Welche Wünsche habe ich?

Meine Aufgaben/meine Ziele heute: Datum:

Ja, ich schaffe das!

Ja, ich schaffe das!

Ja, ich schaffe das!

Ich habe mein heutiges Tagesziel erreicht: **Ja**
fast

Welche Wünsche habe ich?

Meine Aufgaben/meine Ziele heute: Datum:

Ja, ich schaffe das!

Ja, ich schaffe das!

Ja, ich schaffe das!

Ich habe mein heutiges Tagesziel erreicht:  **Ja**
fast

Welche Wünsche habe ich?

Meine Aufgaben/meine Ziele heute: Datum:

Ja, ich schaffe das!

Ja, ich schaffe das!

Ja, ich schaffe das!

Ich habe mein heutiges Tagesziel erreicht:  **Ja**
fast

Welche Wünsche habe ich?

Meine Aufgaben/meine Ziele heute: Datum:

Ja, ich schaffe das!

Ja, ich schaffe das!

Ja, ich schaffe das!

Ich habe mein heutiges Tagesziel erreicht: **Ja**

fast

Welche Wünsche habe ich?
_____
_____
_____
_____

Meine Aufgaben/meine Ziele heute: Datum:
_____
_____
_____
_____
_____

Ja, ich schaffe das!
_____
_____
_____
_____
_____

Ja, ich schaffe das!
_____
_____
_____
_____
_____

Ja, ich schaffe das!
_____

Ich habe mein heutiges Tagesziel erreicht: **Ja** / fast

Welche Wünsche habe ich?
_____
_____
_____
_____

Meine Aufgaben/meine Ziele heute: Datum:
_____
_____
_____
_____
_____

Ja, ich schaffe das!
_____
_____
_____
_____
_____

Ja, ich schaffe das!
_____
_____
_____
_____
_____

Ja, ich schaffe das!

Ich habe mein heutiges Tagesziel erreicht:  **Ja**
fast

Welche Wünsche habe ich?

Meine Aufgaben/meine Ziele heute: Datum:

Ja, ich schaffe das!

Ja, ich schaffe das!

Ja, ich schaffe das!

Ich habe mein heutiges Tagesziel erreicht: **Ja**

fast

Welche Wünsche habe ich?

Meine Aufgaben/meine Ziele heute: Datum:

Ja, ich schaffe das!

Ja, ich schaffe das!

Ja, ich schaffe das!

Ich habe mein heutiges Tagesziel erreicht:

Welche Wünsche habe ich?
_____
_____
_____
_____

Meine Aufgaben/meine Ziele heute: Datum:
_____
_____
_____
_____
_____

Ja, ich schaffe das!
_____
_____
_____
_____
_____

Ja, ich schaffe das!
_____
_____
_____
_____
_____

Ja, ich schaffe das!

Ich habe mein heutiges Tagesziel erreicht: **Ja** / fast

Welche Wünsche habe ich?

Meine Aufgaben/meine Ziele heute:　　　　Datum:

Ja, ich schaffe das!

Ja, ich schaffe das!

Ja, ich schaffe das!

Ich habe mein heutiges Tagesziel erreicht: **Ja** fast

Welche Wünsche habe ich?

Meine Aufgaben/meine Ziele heute: Datum:

Ja, ich schaffe das!

Ja, ich schaffe das!

Ja, ich schaffe das!

Ich habe mein heutiges Tagesziel erreicht: **Ja**

fast

Welche Wünsche habe ich?
_____
_____
_____
_____

Meine Aufgaben/meine Ziele heute: Datum:
_____
_____
_____
_____

Ja, ich schaffe das!
_____
_____
_____
_____

Ja, ich schaffe das!
_____
_____
_____
_____

Ja, ich schaffe das!

Ich habe mein heutiges Tagesziel erreicht: **Ja**
fast

Welche Wünsche habe ich?
_____
_____
_____
_____

Meine Aufgaben/meine Ziele heute: Datum:
_____
_____
_____
_____
_____

Ja, ich schaffe das!
_____
_____
_____
_____
_____

Ja, ich schaffe das!
_____
_____
_____
_____
_____

Ja, ich schaffe das!

Ich habe mein heutiges Tagesziel erreicht:  **Ja**
fast

Welche Wünsche habe ich?
_____
_____
_____
_____

Meine Aufgaben/meine Ziele heute: Datum:
_____
_____
_____
_____

Ja, ich schaffe das!
_____
_____
_____
_____

Ja, ich schaffe das!
_____
_____
_____
_____

Ja, ich schaffe das!

Ich habe mein heutiges Tagesziel erreicht: **Ja**
fast

Welche Wünsche habe ich?

Meine Aufgaben/meine Ziele heute: Datum:

Ja, ich schaffe das!

Ja, ich schaffe das!

Ja, ich schaffe das!

Ich habe mein heutiges Tagesziel erreicht:  **Ja**
fast

Welche Wünsche habe ich?

Meine Aufgaben/meine Ziele heute: Datum:

Ja, ich schaffe das!

Ja, ich schaffe das!

Ja, ich schaffe das!

Ich habe mein heutiges Tagesziel erreicht: **Ja** / *fast*

Welche Wünsche habe ich?
___

Meine Aufgaben/meine Ziele heute:　　　Datum:

Ja, ich schaffe das!

Ja, ich schaffe das!

Ja, ich schaffe das!

Ich habe mein heutiges Tagesziel erreicht:  **Ja** *fast*

Welche Wünsche habe ich?
_____
_____
_____
_____

Meine Aufgaben/meine Ziele heute: Datum:

Ja, ich schaffe das!

Ja, ich schaffe das!

Ja, ich schaffe das!

Ich habe mein heutiges Tagesziel erreicht:  **Ja**
fast

Welche Wünsche habe ich?
___
___
___
___

Meine Aufgaben/meine Ziele heute: Datum:
___
___
___
___
___

Ja, ich schaffe das!
___
___
___
___
___
___

Ja, ich schaffe das!
___
___
___
___
___
___

Ja, ich schaffe das!

Ich habe mein heutiges Tagesziel erreicht:  **Ja**
fast

Welche Wünsche habe ich?
_____
_____
_____
_____

Meine Aufgaben/meine Ziele heute: Datum:
_____
_____
_____
_____
_____

Ja, ich schaffe das!
_____
_____
_____
_____
_____

Ja, ich schaffe das!
_____
_____
_____
_____
_____

Ja, ich schaffe das!

Ich habe mein heutiges Tagesziel erreicht:  **Ja**
fast

Welche Wünsche habe ich?
_____
_____
_____
_____

Meine Aufgaben/meine Ziele heute: Datum:
_____
_____
_____
_____

Ja, ich schaffe das!

_____
_____
_____
_____

Ja, ich schaffe das!

_____
_____
_____
_____

Ja, ich schaffe das!

Ich habe mein heutiges Tagesziel erreicht:

Welche Wünsche habe ich?
___
___
___
___

Meine Aufgaben/meine Ziele heute: Datum:
___
___
___
___
___

Ja, ich schaffe das!
___
___
___
___
___

Ja, ich schaffe das!
___
___
___
___
___

Ja, ich schaffe das!

Ich habe mein heutiges Tagesziel erreicht:  **Ja**
fast

Welche Wünsche habe ich?
_____
_____
_____

Meine Aufgaben/meine Ziele heute: Datum:
_____
_____
_____
_____

Ja, ich schaffe das!
_____
_____
_____
_____

Ja, ich schaffe das!
_____
_____
_____
_____

Ja, ich schaffe das!

Ich habe mein heutiges Tagesziel erreicht:  Ja
fast

Welche Wünsche habe ich?
___
___
___
___

Meine Aufgaben/meine Ziele heute: Datum:
___
___
___
___
___

Ja, ich schaffe das!
___
___
___
___

Ja, ich schaffe das!
___
___
___
___

Ja, ich schaffe das!

Ich habe mein heutiges Tagesziel erreicht: **Ja** / *fast*

Welche Wünsche habe ich?

Meine Aufgaben/meine Ziele heute: Datum:

Ja, ich schaffe das!

Ja, ich schaffe das!

Ja, ich schaffe das!

Ich habe mein heutiges Tagesziel erreicht:  **Ja**
fast

Welche Wünsche habe ich?

Meine Aufgaben/meine Ziele heute: Datum:

Ja, ich schaffe das!

Ja, ich schaffe das!

Ja, ich schaffe das!

Ich habe mein heutiges Tagesziel erreicht: **Ja** fast

Welche Wünsche habe ich?

Meine Aufgaben/meine Ziele heute: Datum:

Ja, ich schaffe das!

Ja, ich schaffe das!

Ja, ich schaffe das!

Ich habe mein heutiges Tagesziel erreicht:

Ja
fast

Welche Wünsche habe ich?
_____
_____
_____
_____

Meine Aufgaben/meine Ziele heute: Datum:
_____
_____
_____
_____
_____
_____

Ja, ich schaffe das!
_____
_____
_____
_____
_____
_____

Ja, ich schaffe das!
_____
_____
_____
_____
_____
_____

Ja, ich schaffe das!

Ich habe mein heutiges Tagesziel erreicht: **Ja** *fast*

Welche Wünsche habe ich?
_____
_____
_____
_____

Meine Aufgaben/meine Ziele heute: Datum:
_____
_____
_____
_____
_____

Ja, ich schaffe das!
_____
_____
_____
_____
_____

Ja, ich schaffe das!
_____
_____
_____
_____
_____

Ja, ich schaffe das!

Ich habe mein heutiges Tagesziel erreicht:  **Ja** *fast*

Welche Wünsche habe ich?
_____
_____
_____
_____

Meine Aufgaben/meine Ziele heute: Datum:
_____
_____
_____
_____

Ja, ich schaffe das!
_____
_____
_____
_____

Ja, ich schaffe das!
_____
_____
_____
_____

Ja, ich schaffe das!

Ich habe mein heutiges Tagesziel erreicht:

Ja
fast

Welche Wünsche habe ich?

Meine Aufgaben/meine Ziele heute: Datum:

Ja, ich schaffe das!

Ja, ich schaffe das!

Ja, ich schaffe das!

Ich habe mein heutiges Tagesziel erreicht:  **Ja**
fast

Welche Wünsche habe ich?

Meine Aufgaben/meine Ziele heute: Datum:

Ja, ich schaffe das!

Ja, ich schaffe das!

Ja, ich schaffe das!

Ich habe mein heutiges Tagesziel erreicht:

Ja
fast

Welche Wünsche habe ich?
_____
_____
_____
_____

Meine Aufgaben/meine Ziele heute: Datum:
_____
_____
_____
_____

Ja, ich schaffe das!

_____
_____
_____
_____

Ja, ich schaffe das!

_____
_____
_____
_____

Ja, ich schaffe das!

Ich habe mein heutiges Tagesziel erreicht:  **Ja**
                                                          fast

Welche Wünsche habe ich?
___
___
___
___

Meine Aufgaben/meine Ziele heute: Datum:
___
___
___
___
___

Ja, ich schaffe das!
___
___
___
___
___

Ja, ich schaffe das!
___
___
___
___
___

Ja, ich schaffe das!

Ich habe mein heutiges Tagesziel erreicht: **Ja**

fast

Welche Wünsche habe ich?

Meine Aufgaben/meine Ziele heute: Datum:

Ja, ich schaffe das!

Ja, ich schaffe das!

Ja, ich schaffe das!

Ich habe mein heutiges Tagesziel erreicht:  **Ja**
fast

Welche Wünsche habe ich?

Meine Aufgaben/meine Ziele heute: Datum:

Ja, ich schaffe das!

Ja, ich schaffe das!

Ja, ich schaffe das!

Ich habe mein heutiges Tagesziel erreicht: **Ja**
fast

Welche Wünsche habe ich?
_____
_____
_____
_____

Meine Aufgaben/meine Ziele heute: Datum:
_____
_____
_____
_____
_____

Ja, ich schaffe das!
_____
_____
_____
_____
_____

Ja, ich schaffe das!
_____
_____
_____
_____
_____

Ja, ich schaffe das!

Ich habe mein heutiges Tagesziel erreicht: **Ja**
fast

Welche Wünsche habe ich?
___
___
___
___

Meine Aufgaben/meine Ziele heute: Datum:
___
___
___
___
___

Ja, ich schaffe das!
___
___
___
___
___

Ja, ich schaffe das!
___
___
___
___
___

Ja, ich schaffe das!

Ich habe mein heutiges Tagesziel erreicht:  **Ja**
fast

Welche Wünsche habe ich?
_____
_____
_____
_____

Meine Aufgaben/meine Ziele heute: Datum:
_____
_____
_____
_____
_____

Ja, ich schaffe das!
_____
_____
_____
_____
_____

Ja, ich schaffe das!
_____
_____
_____
_____
_____

Ja, ich schaffe das!

Ich habe mein heutiges Tagesziel erreicht:  **Ja** *fast*

Welche Wünsche habe ich?
___
___
___
___

Meine Aufgaben/meine Ziele heute: Datum:
___
___
___
___
___

Ja, ich schaffe das!
___
___
___
___
___
___

Ja, ich schaffe das!
___
___
___
___
___
___

Ja, ich schaffe das!
___

Ich habe mein heutiges Tagesziel erreicht:  **Ja**
fast

Welche Wünsche habe ich?
_____
_____
_____
_____

Meine Aufgaben/meine Ziele heute: Datum:
_____
_____
_____
_____

Ja, ich schaffe das!
_____
_____
_____
_____
_____

Ja, ich schaffe das!
_____
_____
_____
_____

Ja, ich schaffe das!

Ich habe mein heutiges Tagesziel erreicht:

Welche Wünsche habe ich?
_____
_____
_____
_____

Meine Aufgaben/meine Ziele heute: Datum:
_____
_____
_____
_____
_____

Ja, ich schaffe das!
_____
_____
_____
_____
_____

Ja, ich schaffe das!
_____
_____
_____
_____
_____

Ja, ich schaffe das!

Ich habe mein heutiges Tagesziel erreicht:

Welche Wünsche habe ich?
_____
_____
_____
_____

Meine Aufgaben/meine Ziele heute: Datum:
_____
_____
_____
_____
_____

Ja, ich schaffe das!
_____
_____
_____
_____
_____

Ja, ich schaffe das!
_____
_____
_____
_____
_____

Ja, ich schaffe das!

Ich habe mein heutiges Tagesziel erreicht: **Ja**
                                            fast